W0278764

BIENVEILLANCE ET BONTÉ

Du même auteur,
chez le même éditeur

Colère et Compassion, 2022.

Présence et Accueil, 2022.

Titre original : *Be Kind*.
Publié pour la première fois par Hampton Roads.

© 2019, Noriyuki Ueda.
© 2022, Guy Trédaniel éditeur pour la traduction française.

Traduit de l'anglais par Christine Destruhaut.

ISBN : 978-2-8132-2794-2

Aucune partie de cette publication ne peut être reproduite, stockée dans un système de récupération ou transmise sous quelque forme que ce soit ou par quelque moyen que ce soit, électronique, mécanique, photocopie, enregistrement ou autre, sans l'autorisation écrite préalable de l'éditeur.

www.editions-tredaniel.com
info@guytredaniel.fr
www.facebook.com/editions.tredaniel
@editions_guy_tredaniel

SA SAINTETÉ LE DALAÏ-LAMA
D'après un récit de Noriyuki Ueda

BIENVEILLANCE ET BONTÉ

L'APPEL DU DALAÏ-LAMA

Guy Trédaniel éditeur
19, rue Saint-Séverin
75005 Paris

Avec son approche pragmatique caractéristique de la voie bouddhiste, Sa Sainteté le Dalaï-Lama a souvent dit que son style de langage informel «complétait son anglais approximatif». Cet ouvrage est publié de façon à perpétuer sa voix et son ton uniques.

Note de l'éditeur

Sa Sainteté le Dalaï-Lama se décrit comme un simple moine. Sa chaleur caractérise ses tournées et ses conférences mondiales. Avec humour et simplicité, il parle et répond aux questions essentielles qui traversent notre Humanité : la vie, la mort, la joie, la maladie, la souffrance, l'attachement, la colère, la compassion. Mais, par-dessus tout, ce simple moine nous dit : soyez bons.

Notre besoin fondamental de bonté se manifeste dans notre répétition d'une citation particulière du Dalaï-Lama. Celle-ci est si souvent répétée sur les réseaux sociaux qu'elle est devenue un mème à part entière :

> « C'est ma religion, elle est simple. Nul besoin de temples, nul besoin de philosophie compliquée. Votre cerveau et votre cœur sont vos temples, votre philosophie est la bonté simple. »

Nous voulons tous être traités avec bonté. Lorsque nous agissons de même envers notre prochain, nous nous sentons comblés ; nous sommes, dans ce moment de grâce, soustraits à n'importe quelle journée stressante à affronter. Nous nous sentons bien.

La bonté peut se traduire par un sourire, un geste amical, un acte de générosité, un don de bienfaisance, un moment pour prendre en compte les besoins d'une personne autre que nous-mêmes.

Que nous la nommions bonne volonté, affection, sollicitude, attention ou gentillesse, l'acte de bonté puise ses racines dans la compassion et grandit à travers elle.

Dans cet ouvrage, Sa Sainteté le Dalaï-Lama partage avec nous son enseignement sur la compassion. Il présente un chemin consistant à donner et à prendre.

Il nous révèle une façon pratique d'attirer amour et bonté.

Il nous dit ici : « Soyez bons. »

Soyez bons dès que possible.

C'est toujours possible.

BIENVEILLANCE ET BONTÉ

La compassion est le bien le plus merveilleux et précieux. Lorsque nous l'évoquons, il est encourageant de noter que la nature humaine fondamentale est, je le crois, compatissante et bonne.

Parfois, je discute avec des amis convaincus que la nature humaine est plus négative et agressive. Je soutiens que, si vous étudiez la structure du corps humain, vous constaterez qu'elle est semblable à celle des espèces de mammifères dont le mode de vie est plus doux ou paisible.

Parfois, je plaisante à moitié en disant que nos mains sont agencées de telle manière qu'elles sont faites pour étreindre plutôt que pour frapper.

Si elles étaient principalement destinées à frapper, alors ces beaux doigts ne seraient pas nécessaires. Par exemple, avec les doigts tendus, les boxeurs ne peuvent pas frapper avec force et doivent de fait serrer leurs poings.

Donc, selon moi, cela signifie que notre structure physique basique crée une nature compatissante ou douce.

Si nous examinons les relations, les partenariats, la conception et le mariage sont très importants. Ce dernier ne devrait pas reposer sur un amour aveugle ou un amour fou extrême, mais sur une connaissance mutuelle et la compréhension que vous êtes aptes à vivre ensemble.

Le mariage n'est pas une satisfaction temporaire, mais implique un sens de la responsabilité. Son fondement, c'est l'amour véritable.

La conception correcte d'un enfant se produit dans ce genre d'attitude morale ou mentale. Selon

« LA NATURE HUMAINE
FONDAMENTALE
EST COMPATISSANTE
ET BONNE. »

certains scientifiques, lorsqu'il est dans l'utérus maternel, l'esprit calme de la mère a un effet très positif sur l'être à naître.

Si l'état mental de la mère est négatif – par exemple si celle-ci est frustrée ou en colère –, alors il est très préjudiciable au développement sain de l'enfant à naître.

Un scientifique m'a dit que les premières semaines après la naissance représentent la période la plus importante, pendant laquelle le cerveau de l'enfant grandit.

Durant ce laps de temps, le toucher maternel ou de quiconque agissant comme une mère est crucial.

Cela montre que, même si l'enfant n'a pas conscience de qui est qui, il a, d'une manière ou d'une autre, besoin physiquement de l'affection d'une autre personne. Son absence risque d'être très dommageable pour le développement sain de son cerveau.

« L'AFFECTION EST SEMBLABLE
À UN BIJOU PRÉCIEUX. »

Après la naissance, le premier acte maternel consiste à donner à l'enfant du lait nourrissant. Si la mère affiche un manque d'affection ou de bonté à son égard, alors le lait ne s'écoulera pas.

Si elle le nourrit avec bonté, malgré sa propre maladie ou douleur, le lait s'écoulera librement.

Cette attitude est semblable à un bijou précieux.

Inversement, si l'enfant ne se sent pas proche de sa mère, il pourrait refuser de téter. Cela montre le caractère merveilleux de l'affection réciproque.

C'est le début de notre vie.

Comme avec l'éducation, selon mon expérience, les leçons que nous apprenons auprès d'enseignants, qui ne sont pas seulement bons, mais montrent aussi l'affection envers l'étudiant, s'ancrent profondément dans notre esprit. Ce n'est pas forcément le cas avec les enseignements d'autres professeurs. Même si vous êtes contraint d'étudier et craignez l'enseignant, vous risquez de ne pas assimiler les leçons.

Cela dépend en grande partie de l'affection qu'il vous porte.

De même, lorsque nous allons à l'hôpital, indépendamment de la qualité du médecin, si celui-ci montre des sentiments sincères et une profonde attention à notre égard, s'il nous sourit, alors nous nous sentons bien.

Mais, s'il ne manifeste guère d'affection humaine, même s'il s'avère être un éminent spécialiste, nous risquons de nous sentir peu sûrs de nous et nerveux.

C'est la nature humaine.

Enfin, nous pouvons réfléchir à notre vie. Pendant notre jeunesse, puis notre vieillesse, nous dépendons fortement de l'affection d'autrui.

Entre ces étapes que sont l'enfance et la vieillesse, nous avons généralement la sensation de pouvoir tout faire sans l'aide des autres et que leur affection n'est simplement pas importante.

« LA BONTÉ EST CRUCIALE
POUR NOTRE SOCIÉTÉ
ET NOTRE SURVIE. »

Mais, de nos jours, plus que jamais, je pense qu'il est très important de maintenir une profonde affection humaine : la bonté est cruciale pour notre société et notre survie.

Quand les habitants d'une grande ville se sentent seuls, cela ne signifie pas qu'ils manquent de compagnons humains, mais plutôt d'affection humaine. Résultat : leur santé mentale finit par s'appauvrir considérablement.

Inversement, les personnes qui grandissent dans une atmosphère empreinte d'affection humaine développent leur corps, leur esprit et leur comportement de façon beaucoup plus positive et gentille.

Les enfants qui ont grandi en ne bénéficiant pas de cette atmosphère ont généralement des attitudes plus négatives.

Cela montre très clairement la nature humaine fondamentale.

Le corps humain apprécie la tranquillité d'esprit. Les choses qui nous dérangent ont un effet très néfaste sur notre santé.

Cela montre que toute la structure de notre santé est telle qu'elle est adaptée à une atmosphère empreinte d'affection humaine.

Par conséquent, notre potentiel de compassion y règne. La seule question consiste à savoir si nous nous en rendons compte et si nous l'utilisons.

Le but principal de mon explication vise à montrer ceci : par nature, nous sommes compatissants, la compassion est absolument nécessaire et représente une qualité que nous pouvons développer.

Qu'entend-on par compassion ?

Il est important de connaître le sens exact de la compassion. Différentes philosophies et traditions ont des interprétations différentes des significations de l'amour et de la compassion.

Certains de mes amis chrétiens croient que l'amour ne peut se développer sans la grâce de Dieu. En d'autres termes, pour développer l'amour et la compassion, la foi est nécessaire.

Selon l'interprétation bouddhiste, la véritable compassion est fondée sur une acceptation ou une reconnaissance claire que les autres, comme soi-même, veulent le bonheur et sont en droit de dépasser la souffrance.

Sur cette base, nous nous soucions du bien-être des autres, indépendamment de notre attitude envers nous-mêmes.

Voilà la compassion.

« LA VÉRITABLE COMPASSION
EST FONDÉE SUR UNE
RECONNAISSANCE QUE LES AUTRES,
COMME SOI-MÊME,
VEULENT LE BONHEUR. »

« VOTRE AMOUR
ET VOTRE COMPASSION
ENVERS VOS AMIS SONT,
DANS DE NOMBREUX CAS,
UN VÉRITABLE ATTACHEMENT. »

Toutefois, votre amour et votre compassion envers vos amis sont, dans de nombreux cas, un véritable attachement.

Ce sentiment ne repose pas sur la prise de conscience que tous les êtres ont un droit égal d'être heureux et de vaincre la souffrance.

Il est plutôt fondé sur l'idée que quelque chose est « mien », « mon ami » ou bénéfique pour « moi ».

C'est l'attachement.

Ainsi, lorsque l'attitude de cette personne à votre égard change, votre sensation de proximité disparaît immédiatement.

Sans attachement – sentiment de propriété –, vous vous souciez du bien-être des autres, indépendamment de leur attitude envers vous. La raison : il s'agit d'êtres humains et ils ont le droit de surmonter la souffrance.

Que cette personne reste neutre ou devienne votre ennemi, votre préoccupation devrait perdurer en raison de son droit.

Voilà la principale différence.

La compassion véritable est beaucoup plus saine ; elle est impartiale et repose sur la raison. En revanche, l'attachement est synonyme d'étroitesse d'esprit et de partialité.

J'irais jusqu'à dire qu'attachement et compassion véritable sont contradictoires.

Selon la pratique bouddhiste, pour développer une compassion véritable, vous devez d'abord pratiquer la méditation fondée sur l'égalisation et l'équanimité, en vous détachant de votre très proche entourage.

Ensuite, vous devez éliminer les sentiments négatifs envers vos ennemis. Tous les êtres sensibles devraient être considérés comme égaux.

Sur cette base, vous pouvez progressivement développer une véritable compassion pour chacun d'entre eux.

« LA COMPASSION VÉRITABLE
EST INCONDITIONNELLE
ET REPOSE SUR LA RAISON...

... EN REVANCHE, L'ATTACHEMENT EST SYNONYME D'ÉTROITESSE D'ESPRIT ET DE PARTIALITÉ. »

Il faut dire que la véritable compassion n'est ni la pitié ni l'idée que les autres sont, d'une certaine façon, inférieurs à vous. Au contraire, elle vous permet de percevoir autrui comme plus important que vous-même.

Comme je l'ai dit précédemment, pour engendrer une véritable compassion, il faut d'abord vous entraîner à pratiquer l'équanimité.

Cela devient très important, parce que, sans un sentiment d'équanimité envers tous les êtres, nos sentiments à leur égard seront partiaux.

« GRÂCE À VOTRE
VÉRITABLE COMPASSION,
VOUS PERCEVEZ AUTRUI
COMME PLUS IMPORTANT
QUE VOUS-MÊME. »

L'équanimité

Je vais maintenant vous donner un bref exemple d'un entraînement méditatif bouddhiste visant à développer l'équanimité.

D'abord, pensez à un petit groupe de personnes que vous connaissez, comme vos amis et vos proches, auquel vous êtes attaché.

Ensuite, pensez à certaines personnes qui vous indiffèrent totalement.

Enfin, pensez à celles que vous détestez.

Après avoir imaginé ces différents interlocuteurs, efforcez-vous de laisser vagabonder naturellement votre esprit et voyez comment celui-ci réagirait normalement lorsqu'il les rencontrerait.

Vous remarquerez que votre réaction naturelle serait l'attachement envers vos amis, l'aversion à l'encontre des personnes que vous considérez comme des ennemis et l'indifférence totale envers celles que vous percevez comme neutres.

« TOUS LES ÊTRES SENSIBLES DEVRAIENT ÊTRE CONSIDÉRÉS COMME ÉGAUX. »

Puis essayez de vous remettre en question. Comparez les effets de vos deux attitudes opposées envers vos amis et vos ennemis.

Examinez les raisons pour lesquelles vous devriez avoir des états d'esprit aussi fluctuants envers ces deux groupes différents de personnes.

Examinez les effets de telles réactions sur votre esprit et essayez de voir la futilité de vous identifier à eux d'une manière si extrême.

J'évoque souvent les avantages et les inconvénients de nourrir la haine et de susciter la colère envers les ennemis. J'ai aussi abordé brièvement les défauts d'être extrêmement attaché à des amis, etc.

Réfléchissez à toutes ces informations, ensuite efforcez-vous de minimiser vos émotions fortes envers ces deux groupes opposés de personnes.

Le plus important : vous devriez réfléchir à l'égalité fondamentale entre vous et tous les autres êtres sensibles.

« VOUS DEVRIEZ RÉFLÉCHIR
À L'ÉGALITÉ FONDAMENTALE
ENTRE VOUS ET TOUS
LES AUTRES ÊTRES SENSIBLES. »

Tout comme vous avez le désir naturel instinctif d'être heureux et de surmonter la souffrance, il en va de même pour tous les êtres sensibles ; tout comme vous avez le droit de répondre à cette aspiration innée, il en va de même pour tous les êtres sensibles.

Alors, sur quels motifs précis fondez-vous votre distinction ?

Si nous regardons l'Humanité dans son ensemble, nous sommes des animaux sociaux. Les structures de l'économie moderne, de l'éducation, etc., illustrent ceci : le monde est devenu un endroit plus petit, et nous dépendons fortement les uns des autres.

Dans de telles circonstances, je pense que la seule option consiste à vivre et à travailler harmonieusement ensemble tout en gardant à l'esprit l'intérêt de l'Humanité tout entière.

C'est la seule perspective et la seule voie que nous devons adopter pour notre survie.

« MES INTÉRÊTS NE SONT PAS
INDÉPENDANTS DES AUTRES.
MON BONHEUR DÉPEND
DE CELUI D'AUTRUI. »

Par nature, notamment en tant qu'être humain, mes intérêts ne sont pas indépendants des autres. Mon bonheur dépend de celui d'autrui.

Alors, quand je vois des gens heureux, automatiquement, je me sens aussi un peu plus heureux que lorsque je les vois aux prises avec une situation difficile.

Par exemple, lorsque nous voyons à la télévision des photos montrant des Somaliens affamés, y compris des personnes âgées et de jeunes enfants, alors, nous nous sentons automatiquement tristes, peu importe si cette tristesse conduit ou non à une forme d'aide active.

De plus, dans notre quotidien, nous bénéficions de nombreuses installations performantes, notamment des maisons climatisées. Elles sont devenues possibles, non de notre propre fait, mais en raison de l'implication directe ou indirecte d'autres individus.

« LA SEULE OPTION
CONSISTE À VIVRE
ET À TRAVAILLER
HARMONIEUSEMENT
ENSEMBLE. »

Tout s'imbrique. Il est impossible de revenir au mode de vie d'il y a quelques siècles, époque où nous dépendions d'instruments simples et non de toutes ces machines.

Il est très clair pour nous que les installations dont nous profitons maintenant sont le produit d'activités de nombreuses personnes.

La plupart d'entre vous dorment dans un lit – de nombreuses personnes ont participé à sa fabrication. Il en va de même pour la préparation de la nourriture, en particulier non végétarienne.

La célébrité est sans nul doute le résultat d'autres personnes – sans leur présence, le concept de célébrité n'aurait même aucun sens.

En outre, l'intérêt de l'Europe dépend de celui de l'Amérique, et l'intérêt de l'Europe occidentale dépend de la situation économique de l'Europe de l'Est.

« LA COMPASSION
N'EST PAS UNE QUESTION
DE PRATIQUE RELIGIEUSE,
MAIS D'AVENIR DE
L'HUMANITÉ. »

Chaque continent est fortement dépendant des autres, c'est la réalité. Ainsi, bien des choses que nous désirons, comme la richesse, la gloire, etc., ne pourraient pas voir le jour sans la participation et la coopération indirectes de nombreux autres acteurs.

Par conséquent, puisque nous avons tous un droit égal d'être heureux et que nous sommes tous liés les uns aux autres, peu importe l'importance d'une personne, logiquement, l'intérêt de quasiment huit milliards d'humains sur la planète est plus important que celui d'un seul.

En réfléchissant dans cette perspective, vous pouvez finalement développer un sentiment de responsabilité mondiale.

Les problèmes environnementaux modernes, tels que l'appauvrissement de la couche d'ozone et le réchauffement global, nous montrent aussi clairement la nécessité d'une coopération mondiale.

Il semble qu'avec le développement, le monde entier est devenu beaucoup plus petit, mais la conscience humaine est toujours à la traîne.

Il ne s'agit pas d'une question de pratique religieuse, mais d'avenir de l'Humanité.

« L'ALTRUISME NOUS EMPÊCHE D'ÊTRE INDIFFÉRENTS AUX AUTRES. »

L'altruisme

Ce genre d'attitude plus large ou altruiste est très pertinent dans le monde actuel.

Si nous regardons la situation sous différents angles, tels que la complexité et l'interconnexion de la nature de l'existence moderne, alors nous remarquons progressivement un changement dans nos perspectives. Ainsi, lorsque nous disons « autres » et pensons aux autres, nous ne les rejetons plus comme des êtres sans importance pour nous. Nous ne nous sentons plus indifférents.

Si vous pensez uniquement à vous-même, si vous oubliez les droits et le bien-être des autres ou, pire encore, si vous exploitez autrui, au bout du compte, vous perdrez.

Vous n'aurez aucun ami qui se souciera de votre bien-être. De plus, si une tragédie vous frappe, votre entourage, au lieu de s'inquiéter, pourrait même s'en réjouir secrètement.

« L'AMITIÉ VÉRITABLE
SE DÉVELOPPE SUR LA BASE
D'UNE AFFECTION HUMAINE
AUTHENTIQUE. »

En revanche, si une personne est compatissante et altruiste, si elle garde à l'esprit les intérêts des autres, peu importe qu'elle ait ou non de nombreuses relations, peu importe le lieu où elle se rendra, elle se fera immédiatement des amis.

Et, lorsqu'elle fera face à une tragédie, de nombreuses personnes viendront l'aider.

Une amitié véritable se développe sur la base non de l'argent ou du pouvoir, mais d'une affection humaine authentique.

Bien sûr, en raison de votre pouvoir ou de votre richesse, plus de gens risquent de vous approcher avec de grands sourires ou des cadeaux. Mais, au fond, ils ne font pas partie de vos véritables amis. Ils sont amis avec votre richesse ou votre pouvoir.

Tant que votre fortune perdurera, ils vous côtoieront souvent. Mais, dès qu'elle déclinera, ils disparaîtront.

Avec ce type d'ami, personne ne fera un effort sincère pour vous aider en cas de besoin. C'est la réalité.

L'amitié humaine véritable repose sur l'affection humaine, quelle que soit votre position sociale.

Par conséquent, plus vous vous préoccupez du bien-être et des droits d'autrui, plus vous êtes un véritable ami.

Plus vous demeurerez ouvert et sincère, plus vous attirerez des bénéfices.

Si vous oubliez les autres ou ne vous en souciez pas, alors vous finirez par perdre votre propre bénéfice.

Donc, parfois j'adresse ce message à tout un chacun : si nous sommes vraiment égoïstes, alors l'égoïsme sage est nettement préférable à l'égoïsme résultant de l'ignorance et de l'étroitesse d'esprit.

La sagesse

Pour les pratiquants bouddhistes, développer la sagesse est très important… et, ici, j'évoque la sagesse qui rend possible *Shunya*, nature ultime de la réalité.

Fondamentalement, tous les êtres sensibles, notamment les êtres humains, aspirent au bonheur et ne veulent ni douleur ni souffrance.

En tant qu'humains, nous avons tous le même potentiel humain.

Le merveilleux cerveau humain est la source de notre force et de notre avenir, à condition que nous l'utilisions dans la bonne direction.

Le cerveau humain nous permet de créer une vie heureuse pour nous-mêmes et aussi pour aider nos semblables.

Je crois que le cerveau humain et la compassion humaine basique sont, par nature, en mesure de s'équilibrer.

« TOUS LES ÊTRES SENSIBLES ASPIRENT AU BONHEUR. »

Parfois, quand nous grandissons, nous risquons de négliger l'affection humaine et de nous concentrer simplement sur le cerveau humain, perdant ainsi l'équilibre. C'est alors que les catastrophes et des événements indésirables surviennent.

En réalisant notre propre potentiel et en affichant notre confiance dans nos capacités, nous pouvons construire un monde meilleur.

Selon ma propre expérience, la confiance en soi est très importante.

Ce genre de confiance n'est pas aveugle : c'est une conscience de son propre potentiel. Sur cette base, les êtres humains peuvent se transformer en renforçant les qualités positives et en réduisant les qualités négatives.

La transformation ne signifie pas un changement à 100 %. Sans se fonder sur un objectif à atteindre, comment développer des attitudes bénéfiques ?

« LE CERVEAU HUMAIN ET
LA COMPASSION HUMAINE BASIQUE
SONT, PAR NATURE,
EN MESURE DE S'ÉQUILIBRER. »

« LE CERVEAU HUMAIN
NOUS PERMET DE CRÉER
UNE VIE HEUREUSE POUR NOUS-MÊMES
ET AUSSI POUR AIDER
NOS SEMBLABLES. »

Les bouddhistes appellent ce potentiel la « nature de Bouddha ». Baptisée aussi claire lumière, c'est la nature essentielle de l'esprit.

Les Quatre Nobles Vérités incarnent l'enseignement fondamental du Bouddha : 1) la souffrance existe ; 2) la souffrance a une cause ; 3) il y a cessation de la souffrance ; 4) il y a un chemin vers la libération de la souffrance.

Le principe universel de causalité est la doctrine sous-jacente de cet enseignement.

Ce qui importe dans la compréhension de ces rudiments, c'est la véritable conscience de ses propres potentiels et la nécessité de les utiliser pleinement.

Vue sous cet angle, toute action humaine devient significative.

Par exemple, le sourire est une caractéristique essentielle du visage humain. Mais, en raison de l'intelligence humaine, même cette partie bienveillante de la nature humaine peut être utilisée

« UN SOURIRE SINCÈRE ET AFFECTUEUX
EST TRÈS IMPORTANT DANS
NOTRE QUOTIDIEN. »

à mauvais escient, comme des sourires sarcastiques ou diplomatiques qui ne servent qu'à éveiller la suspicion.

J'ai le sentiment qu'un sourire sincère et affectueux est très important dans notre quotidien.

Notre façon de le créer dépend en grande partie de notre propre attitude. Il est illogique d'attendre celui des autres si nous-mêmes ne sourions pas.

Par conséquent, nous pouvons voir que de nombreuses choses dépendent de notre propre comportement.

La réalisation de *Shunya* vous donne au moins un sens positif de la cessation.

Après avoir éprouvé cette possibilité de cessation, alors il devient clair que la souffrance n'est pas définitive et qu'une alternative existe.

Si c'est le cas, alors l'effort en vaut la peine.

Si seulement deux des Quatre Nobles Vérités du Bouddha existent, la souffrance et sa cause, alors il n'y a guère de sens. En revanche, les deux autres Nobles Vérités, dont la cessation, militent en faveur d'un autre mode d'existence.

Il est possible de mettre fin à la souffrance. Par conséquent, il est utile de prendre conscience de sa nature.

C'est pourquoi la sagesse est extrêmement importante pour étendre la compassion à l'infini.

C'est ainsi que l'on s'engage dans la pratique du bouddhisme : il y a une application de l'aptitude à la sagesse par le biais de l'intelligence et d'une compréhension de la nature de la réalité, conjuguées avec les moyens habiles d'engendrer la compassion.

« LA SOUFFRANCE
N'EST PAS DÉFINITIVE,
ET UNE ALTERNATIVE EXISTE…

... SI C'EST LE CAS,
ALORS L'EFFORT
EN VAUT LA PEINE. »

La bonté dans le monde réel

Je pense que, dans votre quotidien et votre activité professionnelle, vous pouvez utiliser cette motivation compatissante.

Bien entendu, dans le domaine de l'éducation, il ne fait aucun doute que la motivation compatissante est importante et pertinente.

Que vous soyez croyant ou non croyant, la compassion envers la vie ou l'avenir de vos étudiants – et non simplement une attention portée aux résultats de leurs examens – accroît considérablement l'efficacité de votre travail comme enseignant.

Avec cette motivation soutenue par la bonté et la compassion, je pense que vos étudiants se souviendront de vous toute leur vie.

De même, dans le domaine de la santé, il existe une expression en tibétain disant que l'efficacité du traitement dépend de la capacité du médecin à se montrer chaleureux.

« TOUTE ACTION HUMAINE DEVIENT SIGNIFICATIVE. »

En raison de cette expression, lorsque les traitements d'un praticien ne fonctionnent pas, les gens blâment son caractère, spéculant qu'il ne s'agit peut-être pas d'une bonne personne.

Le pauvre médecin pâtit d'une mauvaise réputation ! Donc, dans le domaine médical, il n'y a aucun doute que la motivation compatissante soit un aspect très pertinent.

Je pense que c'est aussi le cas pour les avocats et les hommes politiques. S'ils font preuve d'une motivation plus compatissante, alors le scandale sera moindre. Par conséquent, toute la communauté bénéficiera de plus de paix.

Je pense que l'exercice de la politique serait plus efficace et respecté.

Enfin, de mon point de vue, la guerre est le pire des maux.

Celle-ci est devenue très détachée du contact d'humain à humain : drones, frappes aériennes, mécanismes de toutes sortes.

« TOUS LES SYSTÈMES SOCIAUX
BÉNÉFICIENT DE LA BONTÉ
ET DE LA COMPASSION. »

Aussi horrible soit-elle, si l'affection humaine et la compassion humaine sont présentes, la guerre est beaucoup moins destructrice.

Complètement mécanisée et dépourvue de sentiment humain, elle est pire.

De même, je pense que la compassion et un sens de responsabilité peuvent également entrer dans les domaines des sciences et de l'ingénierie.

Bien entendu, sous un angle purement scientifique, des armes redoutables comme les bombes nucléaires sont des prouesses remarquables.

Mais nous pouvons dire qu'elles sont négatives parce qu'elles infligent d'immenses souffrances au monde.

Par conséquent, si nous ne prenons pas en compte la douleur humaine, les sentiments humains et la compassion humaine, il n'existe aucune démarcation entre le bien et le mal.

« LA COMPASSION HUMAINE
PEUT RÉSONNER PARTOUT. »

Par conséquent, la compassion humaine peut résonner partout.

Selon moi, il est un peu difficile d'appliquer ce principe de compassion au domaine économique. Mais les économistes sont des êtres humains et, bien sûr, ils ont aussi besoin d'affection humaine, sans laquelle ils souffriraient.

Cependant, si on ne pense qu'au profit, peu importent les conséquences, alors les trafiquants de drogue ne sont pas dans leur tort, parce que, du point de vue économique, ils font aussi d'énormes profits.

Mais, du fait que cette pratique est très nuisible pour la société et la communauté, nous l'appelons le mal et nommons ces personnes des criminels.

Si c'est le cas, alors je pense que les marchands d'armes appartiennent à la même catégorie. Ce type de commerce est tout aussi dangereux et irresponsable.

« L'AFFECTION HUMAINE
EST LE FACTEUR CLÉ
DE TOUTE ENTREPRISE HUMAINE. »

Pour toutes ces raisons, je pense que la compassion humaine, ou ce que j'appelle parfois « l'affection humaine », est le facteur clé de toute entreprise humaine.

Tout comme vous constatez qu'avec la paume de votre main tous les cinq doigts deviennent utiles, si ces derniers n'étaient pas connectés à la paume, ils seraient inutiles.

De même, toute action humaine dépourvue de sentiment humain devient dangereuse.

Avec ce sentiment humain et l'appréciation des valeurs humaines, toutes les activités humaines deviennent constructives.

Même la religion, censée être bénéfique pour l'Humanité, sans cette attitude compatissante humaine, risque de devenir immonde.

Malheureusement, même maintenant, il y a des problèmes qui résultent de l'existence de différentes religions.

« TOUTE ACTION HUMAINE
DÉPOURVUE DE
SENTIMENT HUMAIN
DEVIENT DANGEREUSE. »

La compassion humaine est donc une vertu fondamentale. Si elle est présente, toutes les autres activités humaines deviennent plus utiles.

Motiver la bonté

En général, j'ai l'impression que, dans l'éducation et dans d'autres domaines, la question de la motivation humaine est quelque peu négligée.

Peut-être qu'autrefois la religion était censée assumer cette responsabilité. Mais, maintenant, dans la communauté, elle semble généralement un peu démodée, de sorte que les gens perdent tout intérêt à son égard et dans des valeurs humaines plus profondes.

Cependant, je pense que ces deux concepts doivent être distincts.

Si vous éprouvez respect ou intérêt pour la religion, c'est bien. Mais, même si cette dernière ne vous intéresse pas, n'oubliez pas l'importance de ces valeurs humaines plus profondes.

Renforcer votre sentiment de compassion entraîne plusieurs effets secondaires positifs.

« PLUS GRANDE EST LA FORCE
DE VOTRE COMPASSION,
PLUS GRANDE EST VOTRE RÉSILIENCE
POUR AFFRONTER LES DIFFICULTÉS...

… ET PLUS GRANDE
EST VOTRE APTITUDE
À LES TRANSFORMER EN
CONDITIONS PLUS POSITIVES. »

Voici l'un d'eux : plus grande est la force de votre compassion, plus grandes sont votre résilience pour affronter les difficultés et votre aptitude à les transformer en conditions plus positives.

Une forme de pratique en apparence très efficace est mentionnée dans le *Guide du mode de vie du Bodhisattva*, texte bouddhiste classique.

Vous y visualisez votre ancien soi – incarnant l'égocentrisme, l'égoïsme, etc. – puis un groupe de personnes représentant les innombrables autres êtres sensibles.

Ensuite, vous adoptez le point de vue d'une troisième personne en tant qu'observateur neutre et impartial. Vous faites une évaluation comparative de la valeur, des intérêts et de l'importance de ces deux groupes.

Essayez aussi de réfléchir aux défauts d'être totalement inconscient du bien-être des autres êtres sensibles, etc., et aux accomplissements véritables de cet ancien soi en menant ce mode de vie.

Réfléchissez aux autres êtres sensibles et considérez l'importance de leur bien-être, la nécessité de les servir, etc., et ce que vous, en tant que troisième observateur neutre, concluriez quant à leurs intérêts et à leur bien-être les plus importants.

Vous commenceriez naturellement à vous sentir plus attiré vers les innombrables autres personnes.

Je pense aussi que plus grande est la force de votre attitude altruiste envers les êtres sensibles, plus vous devenez courageux.

Plus votre courage est grand, moins vous vous sentez enclin au découragement et à la perte d'espoir.

Par conséquent, la compassion est aussi une source de force intérieure.

Avec une force intérieure accrue, il est possible de développer une détermination ferme. Grâce à elle, vous avez plus de chance de réussir, peu importent les obstacles.

« PLUS GRANDE EST LA FORCE
DE VOTRE ATTITUDE ALTRUISTE
ENVERS LES ÊTRES SENSIBLES,
PLUS VOUS DEVENEZ COURAGEUX...

… PLUS VOTRE COURAGE EST GRAND,
MOINS VOUS VOUS SENTEZ
DÉCOURAGÉ ET DÉSESPÉRÉ. »

En outre, si vous ressentez hésitation, peur et manque de confiance en vous, vous développerez souvent une attitude pessimiste.

Je considère cela comme la véritable graine de l'échec.

Avec une attitude pessimiste, vous ne parvenez même pas accomplir un projet que vous devriez pouvoir réaliser facilement.

Cependant, même pour un projet difficile à réaliser, si votre détermination est inébranlable, il y a finalement la possibilité de réalisation.

Par conséquent, même au sens traditionnel du terme, la compassion est très importante pour garantir un avenir prospère.

Comme indiqué plus haut, selon le niveau de votre sagesse, il existe différents niveaux de compassion : celle motivée par une véritable connaissance de la nature ultime de la réalité, par l'appréciation de la nature impermanente de l'existence, par la conscience de la souffrance des autres êtres sensibles.

Le niveau de votre sagesse, ou la profondeur de votre connaissance de la nature de la réalité, détermine le niveau de compassion que vous éprouverez.

Du point de vue bouddhiste, la compassion alliée à la sagesse est essentielle. On pourrait dire que la compassion s'apparente à une personne très honnête et la sagesse, à une personne très compétente ; si vous les réunissez, alors le résultat est très efficace.

« DU POINT DE VUE BOUDDHISTE,
LA COMPASSION
ALLIÉE À LA SAGESSE
EST ESSENTIELLE. »

Trouver un terrain d'entente

Je vois la compassion, l'amour et le pardon comme un terrain d'entente pour toutes les religions, indépendamment de la tradition ou de la philosophie.

Malgré l'existence de différences fondamentales entre les différentes idées religieuses, telles que l'acceptation d'un Créateur Tout-Puissant, toutes les religions nous enseignent le même message : soyez une personne chaleureuse.

Elles soulignent l'importance de la compassion et du pardon.

Autrefois, lorsque les différentes religions étaient basées dans différents endroits et qu'elles communiquaient moins entre elles, le pluralisme des diverses traditions religieuses était inutile.

Mais, aujourd'hui, le monde est devenu beaucoup plus petit, donc la communication entre différentes religions est devenue très forte. Dans de telles

« LA COMPASSION, L'AMOUR
ET LE PARDON CRÉENT
UN TERRAIN D'ENTENTE
POUR TOUTES LES RELIGIONS. »

circonstances, je pense que le pluralisme parmi les croyants religieux est essentiel.

Grâce à une étude objective et impartiale, vous pouvez percevoir la valeur de ces différentes religions pour l'Humanité au cours des siècles. Une fois que vous la décelez, alors il y a de nombreuses raisons de les accepter ou de les respecter.

Après tout, dans l'Humanité, on recense de nombreuses dispositions mentales différentes, de sorte qu'une seule religion, aussi profonde soit-elle, ne peut répondre aux aspirations d'êtres humains aussi variés.

Par exemple, maintenant, malgré une telle diversité des traditions religieuses, la majorité des gens restent encore peu attirés par la religion.

Sur près de huit milliards de personnes, je crois que seulement un milliard constitue de vrais croyants religieux.

La majorité des individus peuvent s'identifier à une religion et dire : « Ma famille est chrétienne, musulmane ou bouddhiste ; par conséquent, je suis chrétien, musulman ou bouddhiste. »

Mais lorsqu'ils disent, par exemple, « Je suis chrétien », alors seulement, le temps de l'énoncer à voix haute, ils se souviennent de Dieu, le prient et font attention de ne pas exprimer d'émotions négatives.

Cependant, les vrais croyants pratiquent leur religion au quotidien, notamment lorsque survient une situation difficile.

Ils n'ont pas à dire qu'ils sont adeptes d'une religion particulière.

Ils n'ont pas à y réfléchir. Ils vivent leur religion dans le cadre de leurs actions.

Parmi ces vrais croyants, je pense qu'il en existe peut-être moins d'un milliard. Le reste de l'Humanité, presque sept milliards de personnes, représente, dans le vrai sens du terme, des non-croyants.

Il est donc évident qu'une religion ne peut satisfaire toute l'Humanité.

Dans de telles circonstances, une variété de religions est réellement nécessaire et utile. Par conséquent, agir de sorte que toutes les religions différentes travaillent ensemble et vivent en harmonie, s'entraidant, est la seule chose sensée à faire.

Des avancées positives sont survenues récemment et j'ai remarqué des relations tissées plus étroitement entre les religions.

Donner et prendre

Ainsi, après avoir réfléchi aux limites d'une vie et d'une façon de penser égocentriques, ainsi qu'aux conséquences positives liées à la conscience du bien-être des autres êtres sensibles et à la capacité d'œuvrer pour leur bien, tout en étant convaincu de cette démarche, alors on trouve dans la méditation bouddhiste un entraînement spécial dénommé « pratique du donner-prendre. »

Celle-ci est spécialement conçue pour renforcer votre pouvoir de compassion et d'amour envers d'autres êtres sensibles.

Il s'agit essentiellement de visualiser en prenant sur vous toutes les souffrances, la douleur, la négativité et les expériences indésirables d'autres êtres sensibles.

Imaginez-les prendre sur vous, puis donner ou partager avec les autres vos propres qualités positives, par exemple votre état d'esprit vertueux, votre énergie positive, votre richesse, votre bonheur, etc.

Une telle forme d'entraînement ne peut réellement réduire la souffrance d'autres êtres sensibles ou générer vos propres qualités positives. Mais elle suscite psychologiquement une transformation dans votre esprit si efficacement que votre sentiment d'amour et de compassion est considérablement renforcé.

Essayer de mettre en œuvre cette pratique dans votre quotidien est suffisamment puissant et peut influencer très positivement votre esprit et votre santé.

S'il vous semble utile de pratiquer, alors, indépendamment du fait que vous soyez croyant ou non croyant, efforcez-vous de promouvoir ces qualités humaines positives.

N'oubliez jamais : ces transformations mentales prennent du temps et sont difficiles.

Je pense que certaines personnes issues de cultures occidentales, où la technologie est si performante, pensent que tout est automatique.

La bonté n'est pas automatique.

Ne vous attendez pas à voir se produire cette transformation spirituelle dans un court laps de temps ; c'est impossible.

Gardez cela à l'esprit et faites des efforts constants. Après un an, cinq ans, dix ans, quinze ans, vous finirez par constater quelques changements.

Je trouve encore parfois très difficile d'appliquer ces préceptes. Cependant, je crois vraiment que ces pratiques sont extrêmement utiles.

Voici ma citation préférée, extraite de l'ouvrage de Shantideva :

> « Aussi longtemps qu'il y aura des êtres sensibles, aussi longtemps que l'espace restera, je demeurerai pour servir ou apporter une petite contribution pour le bien d'autrui. »

« AUSSI LONGTEMPS QU'IL Y AURA DES ÊTRES SENSIBLES, AUSSI LONGTEMPS QUE L'ESPACE RESTERA, JE DEMEURERAI POUR SERVIR OU APPORTER UNE PETITE CONTRIBUTION POUR LE BIEN D'AUTRUI. »

À propos de l'auteur

Sa Sainteté le quatorzième Dalaï-Lama, Tenzin Gyatso, est le chef spirituel et temporel des Tibétains. Il a écrit plusieurs livres sur le bouddhisme et la philosophie. Il a reçu de nombreux prix internationaux, notamment le prix Nobel de la paix en 1989.

Composition : Soft Office

Achevé d'imprimer en novembre 2022 par la SEPEC en France
Numéro d'impression : 27315221004
Dépôt légal : novembre 2022

IMPRIM'VERT®